14 mai 1907

VENTE

DES 14 ET 15 MAI 1907

HOTEL DROUOT, SALLE 6
PARIS

Succession de Mme FALGUIÈRE

ŒUVRES

DE

FALGUIÈRE

Tableaux par divers artistes

MOBILIER

COMMISSAIRE-PRISEUR

Me PAUL CHEVALLIER

EXPERT

M. GEORGES PETIT

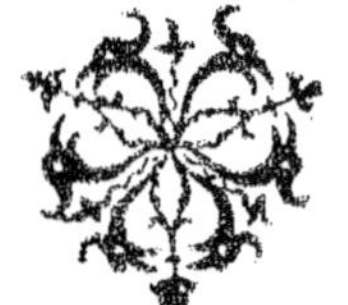

CATALOGUE

DE

Sculptures & Peintures

PAR

FALGUIÈRE

TABLEAUX & SCULPTURES

par divers artistes

PROVENANT DE SON ATELIER

MOBILIER, TAPISSERIES

DONT LA VENTE

Par suite du décès de Mme FALGUIÈRE

AURA LIEU A PARIS

HOTEL DROUOT, SALLE N° 1

Les Mardi 14 et Mercredi 15 Mai 1907

à 2 heures

COMMISSAIRE-PRISEUR
Me PAUL CHEVALLIER
10, rue Grange-Batelière, 10

EXPERT
M. GEORGES PETIT
8, rue de Sèze, 8

EXPOSITION PUBLIQUE

Le Lundi 13 Mai 1907, de 1 heure 1/2 à 5 heures 1/2

CONDITIONS DE LA VENTE

Elle sera faite au comptant.

Les acquéreurs payeront *dix pour cent* en sus des enchères.

L'exposition permettant au public de se rendre compte de l'état et de la nature des objets mis en vente, aucune réclamation ne sera admise une fois l'adjudication prononcée.

ORDRE DES VACATIONS

Mardi 14 Mai 1907

Sculptures et Peintures par Falguière, Tableaux et Sculptures par divers artistes. . Nos ɪ à 66

Mercredi 15 Mai 1907

Mobilier.

Paris. — Imp. Georges Petit, 12, rue Godot-de-Mauroi. — 17766-07.

OEUVRES

DE

FALGUIÈRE

SCULPTURES

1 — *Esquisse de Balzac.*
   Plâtre.
   Haut., 90 cent.

2 — *Nymphe chasseresse.*
   Plâtre original.
   Haut., 1 m. 60.

3 — *Circé.*
   Marbre.
   Haut., 59 cent.

4 — *Le Retour de l'école.*
   Groupe céramique.
   Haut., 74 cent.

5 — *Le Vainqueur au coq.*
   Plâtre original.
   Haut., 1 m. 70.

6 — *Suzanne au bain.*
   Marbre.
   Haut., 67 cent.

7 — *La Musique.*

Marbre.

Haut., 1 m. 10

8 — *Tarcisius.*

Réplique du marbre du musée du Luxembourg.

Marbre.

Larg., 73 cent.

9 — *La Sortie de l'école.*

Marbre.

Haut., 1 m. 62.

10 — *Esquisse d'un monument.*

Bronze.

Haut., 30 cent.

11 — *Petit Centaure.*

Bronze.

Haut., 24 cent.

12 — *Nymphe chasseresse.*

Bronze doré.

Haut., 36 cent. 1/2.

13 — *Le Boucher.*

Esquisse bronze.

Haut., 22 cent. 1/2.

14 — *Nymphe chasseresse.*

Bronze.

Haut., 13 cent.

15 — *Le Vainqueur au coq*

Bronze.

Haut., 13 cent.

16 — *Femme au paon.*

Bronze.

Haut., 17 cent.

17 — *La Danseuse.*

Bronze.

Haut., 13 cent.

18 — *Diane.*

Bronze.

Haut., 13 cent.

19 — *Esmeralda.*

Bas-relief.

Signé à gauche, en bas.

Haut., 47 cent.; larg., 25 cent.

PEINTURES

20 — *Nymphes chasseresses.*

Toile. Haut., 1 m. 50 ; larg., 1 m. 08.

21 — *Étude de femme vue à mi-corps.*

Signé à droite, en bas.

Toile. Haut., 74 cent. ; larg., 55 cent.

22 — *Étude d'après Velazquez.*

Toile. Haut., 34 cent. ; larg., 28 cent.

23 — *Tête d'Italienne.*

Signé à droite, en bas.

Toile. Haut., 46 cent.; larg., 37 cent.

24 — *Les Nains.*

Esquisse pour le tableau du musée du Luxembourg.

Toile. Haut., 73 cent. ; larg., 51 cent.

25 — *La Guerre.*

Signé à gauche, en bas.

Panneau. Haut., 67 cent. ; larg., 1 mètre.

*

26 — *La Jeune servante.*

Signé à droite, en bas.

Toile. Haut., 1 m. 55 ; larg., 1 mètre.

27 — *Toréador.*

Étude.

Signé à gauche, en bas.

Toile. Haut., 60 cent. ; larg., 42 cent.

28 — *Intimité.*

Étude.

Panneau. Haut., 24 cent. ; larg., 33 cent. 1/2.

29 — *Léda.*

Signé à gauche, en bas.

Panneau. Haut., 61 cent. ; larg., 42 cent.

30 — *La Cigale.*

Signé à gauche, en bas.

Toile. Haut., 1 m. 61 ; larg., 85 cent.

31 — *Carrières.*

Signé à gauche, en bas.

Toile. Haut., 30 cent. ; larg., 68 cent.

32 — *Étude.*

Signé à gauche, en bas.

Panneau. Haut., 26 cent. ; larg., 35 cent.

33 — *Étude.*

Signé à gauche, en bas.

Panneau. Haut., 26 cent ; larg., 40 cent.

34 — *Étude*.

Signé à droite, en bas.

Pannneau. Haut., 26 cent. ; larg., 40 cent.

35 — *Le Dénicheur*.

Signé à gauche, en bas.

Toile. Haut., 63 cent. ; larg., 47 cent.

36 — *Femme lisant*.

Signé à gauche, en bas.

Carton. Haut., 30 cent.; larg., 22 cent.

37 — *Paysage*.

Signé à droite, en bas.

Toile. Haut., 23 cent. ; larg., 32 cent.

38 — *La Cène*.

Signé à gauche, en bas.

Toile. Haut., 1 m. 74 ; larg., 2 m. 16.

39 — *Sous bois*.

Toile. Haut., 23 cent. ; larg., 31 cent.

40 — *Toréador*.

Signé à droite, en bas.

Panneau. Haut., 30 cent. ; larg., 24 cent.

41 — *Tête de jeune fille*.

Signé à gauche, en bas.

Toile. Haut., 29 cent.; larg., 27 cent.

42 — Cadre contenant neuf études de voyages.

Haut., 69 cent.; larg., 84 cent.

43 — Cadre contenant huit études de voyages.

> Haut., 51 cent.; larg., 1 m. 03.

44 —- Cadre contenant neuf études de voyages.

> Haut., 85 cent.; larg., 63 cent.

45 — Cadre contenant dix petites études et copies.

> Haut., 39 cent.; larg., 75 cent.

46 — Cadre contenant quatre études.

> Haut., 60 cent.; larg., 44 cent.

47 — *Éventail et poignard.*

Étude pour le tableau du musée du Luxembourg.

Signé à droite, en bas.

> Toile. Haut., 60 cent.; larg., 42 cent.

48 — Esquisses, dessins, études non catalogués.

Œuvres diverses

TABLEAUX

BAIL (Joseph)

49 — *Nature morte.*

> A gauche, en haut, dédicace : *A Monsieur Falguière, hommage de grande admiration.* — Joseph Bail.

> Toile. Haut., 34 cent.; larg., 44 cent.

BERTRAND (James)

50 — *Le Cloître.*

> Signé à droite, en bas.

> Toile. Haut., 35 cent. ; larg., 12 cent.

BONLIAU

51 — *Une Leçon difficile.*

> Signé à gauche, en bas.

> Toile. Haut., 36 cent.; larg., 30 cent.

DEBAT-PONSAN

52 — *Profil.*

Signé à gauche, en bas.

Panneau. Haut., 14 cent.; larg., 10 cent.

GAMELIN (Jacques)

53 — *Défaite des Cimbres par Marius.*

Dessin.

Haut., 11 cent.; larg., 75 cent.

GAMELIN (Jacques)

54 — *Enlèvement des Sabines.*

Dessin.

Haut., 11 cent.; larg., 75 cent.

GONSE (René)

55 — *Fleurs d'églantier.*

Signé à gauche, en bas : *René Gonse, 1870.*

Toile. Haut., 42 cent.; larg., 29 cent.

GROLLERON

56 — *L'Attaque.*

Dédicace : *A mes bons amis Falguière, en souvenir de Clair-Fontaine.* — P. GROLLERON.

Toile. Haut., 70 cent.; larg., 58 cent.

HARPIGNIES

57 — *Paysage.*

>Sépia.
>
>Au dos : *A Falguières, le 19 mai 1897.* — HARPIGNIES.
>
>Haut., 6 cent ; larg., 8 cent.

HARPIGNIES

58 — *Paysage.*

>Sépia.
>
>Signé à gauche, en bas.
>
>Au dos : *Me voilà bien en retard, Madame. Pardonnez-moi et recevez mes meilleurs souhaits.*
>
>*Paris, le 1er janvier 1898.*
>
>HARPIGNIES.
>
>Haut., 6 cent.; larg., 10 cent. 1/2.

KREYDER

59 — *Raisins.*

>Signé à gauche, en bas.
>
>Toile. Haut., 48 cent.; larg., 59 cent. 1/2.

MARICOURT

60 — *Jeune paysanne.*

>Signé à droite, en bas.
>
>Toile. Haut., 32 cent.; larg., 19 cent.

MONGAN (C.)

61 — *Pensées.*

> Signé en bas, vers le milieu : *C. Mongan*
>
> Panneau. Haut., 23 cent.; larg., 17 cent.

PELOUSE

62 — *Lavandières.*

> Signé à droite, en bas.
>
> Toile. Haut., 63 cent.; larg., 45 cent.

YARZ (Ed.)

63 — *Paysage.*

> Signé à gauche, en bas.
> Dédicace à Mme Falguière.
>
> Panneau. Haut., 49 cent.; larg., 35 cent.

SCULPTURES

DUBOIS

64 — *Chanteur florentin.*
> Plâtre.
>
> Haut., 1 m. 55.

RODIN

65 — *La Douleur.*
> Statuette plâtre.
> Daté : *89.*
>
> Haut., 19 cent.